joyeux
anniversaire

joyeux
anniversaire

joyeux
anniversaire

joyeux anniversaire

joyeux
anniversaire

joyeux anniversaire

joyeux
anniversaire

joyeux anniversaire

joyeux
anniversaire

joyeux anniversaire

joyeux
anniversaire

joyeux
anniversaire

joyeux
anniversaire

joyeux anniversaire

joyeux
anniversaire

joyeux
anniversaire

joyeux
anniversaire

joyeux
anniversaire

joyeux
anniversaire

joyeux
anniversaire

joyeux
anniversaire

joyeux
anniversaire

joyeux anniversaire

joyeux anniversaire

joyeux
anniversaire

joyeux
anniversaire

joyeux
anniversaire

joyeux anniversaire

joyeux
anniversaire

joyeux anniversaire

joyeux
anniversaire

joyeux
anniversaire

joyeux anniversaire

joyeux
anniversaire

joyeux
anniversaire

joyeux
anniversaire

joyeux
anniversaire

joyeux
anniversaire

joyeux
anniversaire

joyeux
anniversaire

joyeux
anniversaire

joyeux
anniversaire

joyeux
anniversaire

joyeux anniversaire

joyeux
anniversaire

joyeux
anniversaire

joyeux
anniversaire

joyeux anniversaire

joyeux
anniversaire

joyeux
anniversaire

joyeux
anniversaire

joyeux
anniversaire

joyeux
anniversaire

joyeux
anniversaire

joyeux
anniversaire

joyeux
anniversaire

joyeux
anniversaire

joyeux
anniversaire

joyeux
anniversaire

joyeux anniversaire

joyeux
anniversaire

joyeux
anniversaire

joyeux anniversaire

joyeux anniversaire

joyeux
anniversaire

joyeux
anniversaire

joyeux
anniversaire

joyeux anniversaire

joyeux anniversaire

joyeux
anniversaire

joyeux
anniversaire

joyeux
anniversaire

joyeux
anniversaire

joyeux
anniversaire

joyeux anniversaire

joyeux
anniversaire

joyeux anniversaire

joyeux
anniversaire

joyeux
anniversaire

joyeux
anniversaire

joyeux
anniversaire

joyeux
anniversaire

joyeux anniversaire

joyeux anniversaire

joyeux anniversaire

joyeux
anniversaire

joyeux anniversaire

joyeux anniversaire

joyeux
anniversaire

joyeux
anniversaire

joyeux
anniversaire

joyeux
anniversaire

joyeux
anniversaire

joyeux anniversaire

joyeux anniversaire

joyeux
anniversaire

joyeux
anniversaire

joyeux
anniversaire

joyeux
anniversaire

joyeux
anniversaire

joyeux
anniversaire

joyeux
anniversaire

joyeux anniversaire

joyeux
anniversaire

joyeux anniversaire

joyeux
anniversaire

joyeux
anniversaire

joyeux
anniversaire

www.ingramcontent.com/pod-product-compliance
Lightning Source LLC
Chambersburg PA
CBHW071449130726
47997CB00006B/2288